JN013560

答えは、地球が知っている

多肉植物と暮らす

未来につながる植物生活

TOKIIRO

ILLUSTRATION：RARI YOSHIO

Sun　　　　Window　　　　Water

主婦と生活社

私たち、植物に縁がない!?

　私が多肉植物と暮らし始め、さまざまな経験を重ねると、多くの方から「不思議なことばかりで……」とお問い合わせをいただくようになりました。特にワークショップをするようになってからは、その声がますます大きくなって。たとえばこんな感じで……。

●●●

水やり、いるの？　いらないの？

　私の多肉植物との最初の暮らしは、小さな〝エケベリア〟から始まりました。

　細やかな葉がピンク色にかすかに染まり、朝日の中で美しく光る姿にひと目惚れ。植物に詳しいわけではなかったのですが、そのまばゆい姿と、「水やりが少なくていいですよ」「雑貨感覚で育てられますよ」とお店の方から聞いて芽生えた安心感から「私でも育てられるかな」と楽観視していました。

新たな〝家族〟をわが家のリビングに迎え、観察するのが日課になりました。 新たな芽が出ると「わー」っと声を出して喜びました。葉が少しでも色を変えると心配になって、さすがに水が少なかったのかな〜と反省して、すぐに水をやりました（でもそれは、エケベリアにとって最善のケアではなかったのです！）。

購入して数週間後、エケベリアは元の緑から茶色へと変色し、次第に葉が細くなって落ち始めました。そして最終的にはすべての葉が落ちてしまいました。

最初は、単なる季節の変わり目だと思っていました。けれど……まさかこんな姿になってしまうとは。一体何が問題だったのでしょう。私にはまったく理解できませんでした。

インターネットで検索してみると、「多すぎる水やりが原因で、根腐れを引き起こした」とありました。けれど、枯れた根を土から出してみたら、根腐れもしていませんでした。え？　では何が原因？　何を信じたらいいのか、わからなくなりました。

Story 2 なんで、こんなに難しい名前？

　多肉植物について調べてみることにしました。すると、種類のなんと多いことか！　その多さに、ただただ驚きました。

　それまで私の頭の中には「多肉植物＝サボテン」という単純な図式があっただけ。けれど、世界には何百もの多肉植物があって、それぞれが独自の美しい形と色を持っていて、それぞれが違った環境に生きていて、その環境に合うように進化して生きてきたと言うのです。なんと奥深い！　圧倒されて、興奮に包まれて、もう夢中になりました。

　とはいえエケベリア、セダム、クラッスラ、グラプトペタルム
などと難しい名前がついていて。規則性があるようなないよう
な感じで混乱ばかり。何度復習しても「どれがどれだ?」とわか
らなくなるのです。

　写真を見て「同じ顔してるなぁ」と思っても、名前はまった
く似ていなくて、その上多肉植物の中での種類も違っているこ
ともしばしば。難しいなあ……。

　私の前には、深〜い闇が広がっています。

育て方、本当にこれでいい？

　〝セダム〟の鉢植えを買ってみました。店員さんからは、「これなら室内でも育ちますよ」とアドバイスを受け、私の部屋の窓際に置いて、毎日観察しました。

　初めのうちはスクスクと伸びて「順調に育っている！」と確信していたのですが、しばらくすると、葉は細長く伸び始め、少しずつ形が買ったときとは〝別な子〟になって、元気がなくなっていきました。私は多肉植物のことを理解できていないんですね。どうすればよかったのでしょう……。

・・・

このような経験、みなさんもあるのではないでしょうか?

ショップの店員さんや専門家に聞いた話、インターネットの情報など、いろいろと情報は飛び交っていますが、その情報と状況が異なっていることもあって、「どれが正解でどれが間違っているのか?」判断できないことも多々あります。

でも、大丈夫。それが始まり。失敗から学んで試行錯誤を重ねる中で、多肉植物の魅力を深く理解することができるはず! 実はこの私もそうだったのですから! それでも今では多肉植物は、私の〝人生のパートナー〟です。

本書を通じて多肉植物の世界への旅を始めましょう。本書には、これまでの私の失敗を踏まえた対策や、多肉植物の側に立って、多肉植物のことを理解しながらうまく付き合っていくヒントをいっぱいに詰め込みました。

もう「植物に縁がない」なんて思わないでください。これからは多肉植物との暮らしを楽しんでいけるはずですから。

目次　**Contents**

第 1 章

10　**多肉植物って何？**

1

What
are
succulents?

多肉植物って何？

巻頭でお伝えした、多肉植物の不思議にまつわるストーリー。
その疑問にお答えする前に
〝そもそも〟のお話からお伝えさせてください。
多肉植物がどのように生きてきたか、
長い歴史の中での進化を見ると
多肉植物のことが少しずつわかってくると思います。
そしてこれこそ、疑問解決の近道だと思うのです。

「答えは、地球が知っている」

　これ、園芸家であり、私の恩師である、故・柳生真吾さんが、生前口癖のように言っていた言葉です。

　私は多肉植物と暮らすようになって、さまざまな "不思議" を感じました。

　まずは、形。ぽってりと肉厚な葉を持っていながら丸っこかったり、垂れ下がっていたり。キラキラと光る毛を持つ子がいれば、透明な膜に覆われて、まるでキャンディのような子もいます。多肉植物は、実におもしろい、独特な形をしているのです。なぜそんな形になったのでしょう？

　ポロッと落ちた葉っぱから根が出ているのを発見したことがありました。紅葉したように、色が変わっていたことも。
　2ページでお話しした "失敗" も不思議のひとつです。
　何がいけなかった？
　どうすれば回復できた？

　多肉植物にはわからないことだらけ。不思議に満ちあふれているのが、また魅力でもあるのですが。
　それらを解決してくれるのが、真吾さんは「地球」と言うのでした。「地球が知っている！　教えくれる」と。

なぜ地球？

　それの意味を知るために真吾さんは、「多肉植物が生きている姿を想像してみてください」と言っていました。それはどういうことかというと……。

　まず、お宅の庭や公園にある植物を考えてみてください。地植えされた植物は、根を地球の土の中に張っています。地上に出ている茎や葉、花は、太陽や風などの影響を受けています。

　たとえば、風の強く吹く地域なら、ビュービュー吹きつける風に飛ばされないように、しっかりと根を張ってふんばっていることでしょう。ギラギラと太陽の光が照りつける地域なら、植物はもしかすると「やけちゃうよ～」「カラカラで干からびちゃうよ～」と嘆きの声をあげているかもしれません。

　このように植物は、地域環境の影響をモロに受けて生きています。そのため、植物自体が今いる環境に合うように、生きるメカニズムを変化させていくことが生命の維持、子孫繁栄につながります。これが、植物の「進化」。

　形も、環境に適応するための進化です。多肉植物にいろいろな形が生まれたのは、生きている環境に合うように、長年かけて進化した証で、それが現在につながっているのです。

　そう考えると植物はもちろん、多肉植物は「生きるためにすさまじいほどの適応力を持っている！」と言えますよね。

　そしてそれをうながすのが「地球の力」。この関係を理解すれば、多肉植物ともっと深く向き合えると思うのです。

元来植物はどんなふうに生きてきた？

　多肉植物のことを知るには、まず歴史からお話ししたいと思います。ちょっと気が遠くなる……と感じるかもしれませんが、ロマンあるお話なので、お許しください。

　それは、地球上に生命体が発生した、約40億年前の海の中から始まります。

　この時代、地球上の海には、〝生命の基本成分〟と言われる「アミノ酸」や「ヌクレオチド」といったものが含まれていて、これらが結びついて、最初の原始生物が生まれました。

　当時の地球は、想像を絶するほどの厳しい環境でした。異常に強い紫外線がダイレクトに地表に降り注ぎ、酸素はほとんど存在しません。

　そんな過酷な環境の中で、どうやって生命は誕生したのでしょう？　そのとき大きな役割を果たしたのが「水」です。

　水の中では〝生命の基本成分〟がさまざまに化学反応を起こしており、水は〝バリア〟となって、紫外線から地球上の生命を守っていたようです。

　そして約30億年前、「シアノバクテリア」が登場します。これは、細胞核という器官を持たない〝原核生物〟ですが、「光合成」をする機能を備えていました（光合成の仕組みについては、88ページで詳しくお話しします）。そのため地球には「酸素」が

少しずつ増えていきました。

　シアノバクテリアから放出された酸素は、地球上にあるあらゆる物質と反応して酸化物を作りました。

　その酸化がある程度終わると、今度は大気中に酸素がたまり始めます。約20億年前ごろのことのようです。

　次第に酸素は、地球に強く注がれていた太陽からの紫外線と反応して「オゾン層」を作りました。このおかげで、地球の表面に到達する紫外線の量はぐんと減り、地球上の環境は少しずつ緩和されていきました。

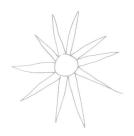

約10億年前、初めての〝真核生物〟が海中で生まれました。真核生物とは、細胞核を持つ生物で、細胞核には生命に関する情報がいろいろと詰まっています。

　その真核細胞の中にシアノバクテリアが取り込まれるようになって、光合成をする真核細胞が生まれたと言われています。これが、「植物の始まり」です。

　そうして、徐々に徐々に、生命が海から陸上に上がる条件が整い、ついに約4億年前、最初の陸上植物が出現します。

　この時期の地球は、乾燥が激しく、植物が増えていくに従って、大気中の酸素濃度はどんどん上昇し、オゾン層は強化されました。そのため、地表に届く紫外線の量は低下してきています。

　最も重要な進化のひとつが「花の出現」です。これは生命を維持して、未来に子孫を残すための大きな変化。

　陸上に進出し始めた頃の植物は、生命を守り、未来に子孫を残すために「胞子」を使っていました。胞子は、細胞分裂で増えていく繁殖方法で、天敵や危険に弱く、滅びる可能性があるのが難点です。

　しかし、花ができるようになると、違います。

　おしべ、めしべといった生殖器を持って生殖（受粉）を行うようになりました。時に風に、時に鳥によって花粉が同じ仲間の別の花にたどり着くと、そこで受粉が行われ、次世代の命が育まれます。

　このように別の花と花が交わることで、環境の変化に強く、また、環境に合わせてうまく進化していく術^{すべ}を身につけるようになります。ちょっと難しくなりましたが、つまり〝花ができる〟とは、環境に対応しながら子孫繁栄を確実なものにする能力を獲得した、ということです。これらの植物を「種子植物」と言います。

　種子植物の中には「裸子植物」と「被子植物」があります。

　裸子植物は、マツやソテツがそうです。約 3 億年前に出現し、その種子は風などに乗って拡散されました。

　一方、被子植物は、花と果実、種を作ります。花の花粉によってほかの個体と交配を行い、種子を作り、それを果実が守ります。種の殻は硬く、中にある生命の源がしっかりと守られるようになりました。生命の維持がほぼ確実なものとなり、いっそう子孫繁栄に適した形になったのです。これが約 1 億 3000 万年前と言われています。

　これらの植物の歴史には諸説あり、わからないことも多くあります。けれど、太古から受け継がれる植物の生命を想像することは、植物を理解することにつながりますし、何より、ロマンチックだと思いませんか？

多肉植物の花たち

ルビーネックレスとグリーンネックレスの花は直径5mmほどの小さい花。よく見るとキクの花に似ていますよね。いかついイメージの多肉植物ですが、かわいい花が咲くものもたくさんあります。

ルビーネックレスの花。
（キク科オトンナ属、43ページ参照）

照波の花。
（ハマミズナ科ベルゲランタス属、
55ページ参照）

グリーンネックレスの花。
（キク科セネシオ属、42ページ参照）

多肉植物：
エレガンス（エケベリア属）
春萌（セダム属）
セダムメキシカン（セダム属）
リトルゼム（セダム属）
薄氷（グラプトベリア属）
＊すべてベンケイソウ科

つなぐ生命の庭

多肉植物の花園をイメージした寄せ植え。赤くエキゾチックなエレガンス（30ページ
参照）の花の下に、小さな花たちが軽やかに咲く。

多肉植物は、いつ生まれた？

　今まで植物の歴史をお話ししてきましたが、では、いつ多肉植物が生まれたのでしょう？　実は、いろいろな文献を探しても、その記述は見られないのです。

　ただ、多肉植物のゴツゴツとワイルドな風貌から、かなり前から存在したのではないかと思っています。地球が激しく乾燥していた頃からでしょうか。

　そのせいか、多肉植物は地球の中でも、水分が少ない乾燥地や、太陽光が強い地域、栄養分が少なくやせている土壌にも多く生育しています。このあと「多肉植物の種類と特徴」をお伝えしますので見てみてください（25ページ参照）。

　そして、多肉植物は花を咲かせます。被子植物の仲間です。

　何年に1回、何十年に1回花を咲かせるというものもありますが、花を咲かせ、種子を作り、果実で包むことで、乾燥から種子を守ってきました。その種子は、風や昆虫、鳥などによって遠くまでちりばめられるようになり、世界中のあらゆる地域に到着して、そこで進化を繰り返してきました。

　遠くまで到達した多肉植物の祖先は、中でも乾燥の激しい砂漠や、太陽の光が厳しい熱帯などで、強く生きるよう進化しました。もしかすると気候の穏やかな地域に到達した多肉植物の祖先もいたでしょう。けれど、そのような地で生きる多肉植物をあまり見かけないということは、今は〝多肉植物〟と言われ

ないような形に進化しているか、あるいは淘汰されてしまった
のかもしれません。

　今私たちの目の前にある〝多肉植物〟という名は、分類しやす
く、私たちがわかりやすいように近年付けられたものです。長
〜い年月をかけて、乾燥や日光に強く進化してきた結果表れた
植物の特徴から名付けられました。

　でもその種類は驚くほど多くて、名前も難解で……。それぞ
れの特徴を見ると、実に巧みに生存維持、子孫繁栄のために試
行錯誤、進化を繰り返し、環境に適応して生きてきた〝強者〟だ
と感じられるかと思います。

Knoll, Andrew H. "Life on a Young Planet: The First Three Billion Years of Evolution on Earth.
" Princeton University Press, 2015.
Canfield, Donald E. "The early history of atmospheric oxygen: Homage to Robert M. Garrels.
" Annual Review of Earth and Planetary Sciences 33 (2005):　1 -36.
Lenton, Timothy M., and Andrew J. Watson. "Biotic enhancement of weathering, atmospheric oxygen and carbon dioxide in the Neoproterozoic." Geophysical Research Letters 31.5 (2004).
Bjornerud, Marcia. "Reading the Rocks: The Autobiography of the Earth." Westview Press, 2005.
Margulis, L., and D. Sagan. "Microcosmos: Four Billion Years of Microbial Evolution.
" University of California Press, 1997.
Kenrick, P., and P.R. Crane. "The Origin and Early Diversification of Land Plants: A Cladistic Study.
" Smithsonian Institution Press, 1997.
Niklas, K.J. "The Evolutionary Biology of Plants." University of Chicago Press, 1997.
Raven, J.A., and F.A. Smith. "Evolution and a revised classification of bryophytes.
" Biological Reviews 53.3 (1978): 247-304.
Willis, K.J., and J.C. McElwain. "The Evolution of Plants." Oxford University Press, 2002.
Friis, E.M., J.A. Doyle, and P.K. Endress. "Early Flowers and Angiosperm Evolution."
 Cambridge University Press, 2011.

多肉植物のびっくりな特徴

　多肉植物は生き続け、未来に繁栄していくために、環境、特に乾燥や直射日光に強く進化を遂げてきました。そうして獲得した主な特徴は次のとおりです。

◉肉厚な葉と茎

「多肉植物」とは、名前が示すように「多肉」＝肉厚な体を持つ植物の総称です。ぽってりと肉厚な葉や茎は、乾燥地などの厳しい環境に適応するために生まれました。

　実はその中に水分をため込んでいるのです。葉や茎を肥大化、肉厚にして水分をため込み、長期間の乾燥期にはその水分を使用して、生き延びることができるようになりました[*1]。

　実際、多肉植物の仲間には、岩場のすき間で生育しているものもたくさんいます。岩からは水分も栄養分も吸収することはできませんが、それでも生きていけるのは、体の中にため込んだ水分のおかげです。

◉葉っぱ1枚だけでも命をつなぐ！

　多肉植物は一部が傷ついたり欠けたりしても、生き残ることができるようになりました。各部位が独立して水分と栄養分を蓄える能力を持つためです[*2]。

　なので、たとえば葉がポロッと取れ落ちても、葉のかけらから芽や根を出し生育していくことができます。

1 全体に白い、やわらかそうな毛をまとっている「銀月」。毛によって、日光の量を調整する。 2 土の上に置いておくだけで、いつの間にか根が出現。強力な生命力に感動。 3 秋になって気温が低くなると、赤さを増して紅葉するものも。「秋麗」と「乙女心」。

● 色を変える

　カメレオンのように自らの色を変える多肉植物がいます。これは、赤や青、紫色の色素「アントシアニン」を多く生成して、日差しの量を察知しながら光合成を効率的に行うための策。特に冬、紅葉するのは美しいですが、太陽の力が弱い季節でも生きていくために獲得した能力なのです。

　また、日射量が高いところでは葉の表面に〝粉〟をまとったり、〝毛〟のような組織に覆われていたりする多肉植物もいます。その姿は芸術的で美しく、つい見とれてしまいます。これも光

の吸収を調節しながら、生命を維持するためのシステムです(＊3)。もし粉や毛がなくなってきたら、光が弱い証拠です。多肉植物は「太陽が欲しい〜！」と訴えていると思ってください。

◉光合成は、夜と昼の2段階

　他の植物が昼間に光合成を行うのに対し、多肉植物の光合成は「CAM型」と呼ばれ、夜と昼、2段階に分けて行われる特別なシステムです。

　多肉植物には、空気などの出し入れをする〝扉や窓〟にたとえられる「気孔」があるのですが、夜、それを開いて、二酸化炭素や酸素などのガス交換や、水分の蒸発（蒸散）をさせて、昼間に行う光反応の準備をします。

　これは、多肉植物が水の少ない乾燥地に根付いているため、水分を節約しながら生きられるように進化した結果なのです。

＊1 : North, G. B., & Nobel, P. S. (1992). Drought-induced changes in hydraulic conductivity and structure in roots of Ferocactus acanthodes and Opuntia ficus-indica. New Phytologist, 120(1), 9 -19.
＊2 : Ogburn, R. M., & Edwards, E. J. (2010). The ecological water-use strategies of succulent plants. Advances in botanical research, 55, 179-225.
＊3 : amori, W., Hikosaka, K., & Way, D. A. (2014). Temperature response of photosynthesis in C3, C4, and CAM plants: temperature acclimation and temperature adaptation. Photosynthesis research, 119 (1 - 2), 101-117.

こんなにいっぱい！
多肉植物の種類と特徴

「多肉植物」とひと言で言っても、その種類は実にたくさんあります。その数、数万種におよぶでしょうか。世界中に分布し、それぞれが異なる生態系、気候、土壌などの環境に適応するよう進化したため、さまざまな形、色、大きさが生まれました。

　ここでは、多肉植物の種類（科）ごとにお話しします。「それぞれがどのような地域や環境で育ってきたか」を知るために、次ページに「ケッペンの気候区分」と多肉植物の生育地域をまとめました。ケッペンはドイツの気候学者で、植生によって気候を分類したものをケッペンの気候区分と言います。

　それを見ると、多肉植物の多くは、乾燥地や高温の地域に生育していることがおわかりになるでしょう。

　さらに、多肉植物が持つ特徴を知ると、多肉植物の環境適応への進化が、よりイメージしやすくなると思います。

　科は、私が寄せ植えでよく使うベンケイソウ科を筆頭に、キクのような花を咲かせるキク科、みなさんよくご存知のサボテン科など、9つを取り上げました。同じ科なのに、まったく異なる形をしているものもあって、なかなか奥が深いです。

　あなたが育てている多肉植物の生きてきた環境を知って、イメージを深めてみてください。そうすると「この子は太陽が好きなんだ〜」など、多肉植物の気持ちに寄り添うことができ、育て方やケアもしやすくなるはずです。真吾さんの言葉「地球が知っている」の実践ですね。

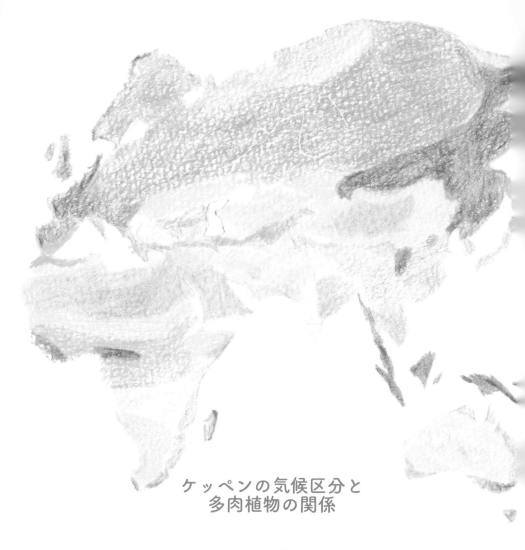

ケッペンの気候区分と
多肉植物の関係

熱帯雨林気候
最寒月平均気温18度以上、最少雨月降水量60mm以上で、年中高温で日差しが強く、雨が多い。
ツルボラン科、パイナップル科、サボテン科、リュウゼツラン科、キョウチクトウ科、トウダイグサ科。

サバナ気候
夏の雨季と冬の乾季がある。
ツルボラン科、パイナップル科、サボテン科、 キョウチクトウ科、トウダイグサ科。

熱帯モンスーン気候
熱帯雨林気候に似ているが、雨季と、弱い乾季がある。夏の季節風（モンスーン）が多量の雨をもたらす。
ベンケイソウ科、サボテン科、リュウゼツラン科

ステップ気候

砂漠気候に次いで乾燥している。年降水量は200~500㎜と少なく、丈の短い草原（ステップ）がある。肥沃な土壌。

ベンケイソウ科、キク科、サボテン科、ハマミズナ科、リュウゼツラン科。

地中海性気候

温暖。冬は偏西風や温帯低気圧の影響で雨が降るが、夏は涼しく乾燥している。

ベンケイソウ科、キク科、ツルボラン科、ハマミズナ科。

西岸海洋性気候

偏西風と暖流の影響から年間を通して雨が降り、夏は涼しく、冬も緯度のわりには温暖。温暖湿潤気候よりもやや涼しく、住みやすい気候。

キク科。

温暖湿潤気候

はっきりとした四季がある。夏は高温で雨量が多くて湿度が高い。冬は寒さが厳しい。日本の気候はこれにあたる。

ベンケイソウ科、キク科。

温暖冬季少雨気候

温暖だが、夏雨が多く、冬はかなり乾燥する。

キク科。

砂漠気候

もっとも乾燥し、降水量が少ない。

亜寒帯湿潤気候

夏は10度以上、冬は－3度以下と、寒暖差が激しい。年間を通して雨が降る。

亜寒帯冬季少雨気候

冬の寒さがかなり厳しく乾燥するが、夏は10度以上あり、日照時間が長い。温度の年較差が大きい。

ツンドラ気候

最暖月の平均気温が10度未満で、年中寒冷。降水量は少ない。

氷雪気候

最暖月の平均気温が0度未満で、一年中氷雪で覆われる。

ベンケイソウ科
Crassulaceae

原産地 ● アメリカ南西部、中南米、南アフリカ、北アフリカ
気候 ● 熱帯モンスーン気候、ステップ気候、地中海性気候、温暖湿潤気候
形・特徴 ● 多肉質の葉や茎を持ち、形はロゼット形（円形で平たい形）や
　　　　木立性（木のように自立して伸びるもの）などさまざま。
　　　　耐乾性に優れ、乾燥や高温に強い。
代表的な属 ● エケベリア、セダム

　ベンケイソウ科は、他の多肉植物と比べて、形もサイズも実にさまざま。手のひらサイズのものから、低木のように成長するものもあります。

　葉の形は、円形、鎌形、スプーン形、針形など。バラのように見えるものもあれば、ウサギの耳のようなものもあります。色は豊富で、青緑色、銀色、紅色、黄色……。環境や成長の条件に応じて、さまざまに変化しています。

　このように、見ているだけでも楽しく愛くるしい特性から、ベンケイソウ科は大人気！　幅広い品種が栽培されていて、私自身、寄せ植えを作る際に最もよく使っています。手に入りやすいので、多肉植物初心者の方はベンケイソウ科から始めてみるのがおすすめです。

　ただ、夏は涼しく乾燥している地中海型の気候で主に生きてきているので、日本の夏の湿気に弱いのが要注意です。

乙女心
[セダム属]

ぷくりとかわいく、秋になると
赤く紅葉する。日照時間が短い
と色づきが悪いので、たっぷり
日光に当てること。

エケベリア属
Echeveria

エケベリア属は、バラのような美しい形をしていて、華やか。
寄せ植えのポイントによく使う。

パールフォン
ニュルンベルグ　　　　花うらら　　　　桃太郎

エレガンス
和名では「月影」。白っぽい〝粉〟が全体を
覆い、上品さがあり、エレガント。

アフターグロウ
英語で「夕映え」「夕焼け」を示す名前のと
おり、赤く染まった姿が印象的。

七福神　　　　ピーコッキー　　　パウダーブルー
　　　　　　プリンセスパール

ラウイ
大輪のバラのように美しい形、優しいピンク
色の葉は白い〝粉〟をまとい、なんとも優雅。

光の強さを、〝粉〟を吹いて調節
している。粉が少なくなってい
たら、光が弱い証拠。

31

セダム属
Sedum

セダム属は、ベンケイソウ科の中でもっとも種類が多く、
地面をはうように成長する。その姿もまたかわいくて。

細葉　　　　ゴールデン　　タイトゴメ　　　黄金　　　　森村
万年草　　　カーペット　　　　　　　　丸葉万年草　　　万年草

サクサグラレ・モスグリーン
一年を通してグリーンが美しい小葉が詰ま
ったセダム。アレンジに使いやすい。

ロッティー
中米原産で、比較的寒さに強い。風通しの
いいところで育てよう。

マジョール

日本の夏の湿気でやや弱るものの、秋には復活
しやすいので育てやすい品種。

葉を拡大すると、細かくくぼん
でいることを発見。

黄麗
_{おうれい}

１年中黄色をしているが、夏になると黄色がや
や薄くなり、冬は黄色が濃く、より美しく色づく。

ビアホップ
ホップの花に似ていることから命名。

33

クラッスラ属
Crassula

クラッスラ属は、2枚の葉がセットになって、
クロス（十字架）のように出ている。

ダシフィルム　　　　ダシフィルム　　　リトルミッシー　　リトルミッシー
　　　　　　　　　　紅葉　　　　　　　紅葉

若緑

うろこ状に小さな葉が並び、
ヒョロッと伸びるので、寄せ
植えでは高さを生かす。

小米星
こまいぼし

別名「愛星」。三角を組み合わせたような赤っぽい葉が愛らしく、小さな花のよう。

紅葉祭り
もみじまつり

冬に紅葉する。縦長に成長し、頭の重みで、次第に垂れてくる。

サルメントーサ

年中黄色っぽい葉をしているので、寄せ植えのアクセントにおすすめ。アフリカ原産。

紅稚児
べにちご

春、白い小さな花を咲かせる。葉は秋に紅葉すると真っ赤になるが、茎は常時赤い。

まだいます ベンケイソウ科の仲間たち

月兎耳
<ruby>月<rt>つき</rt>兎<rt>と</rt>耳<rt>じ</rt></ruby>
[カランコエ属]

葉の形がウサギの耳に見える
ことからこの名前。白い毛を
まとい、黒っぽい斑点がある。

唐印
<ruby>唐<rt>とう</rt>印<rt>いん</rt></ruby>
[カランコエ属]

大きな平たい葉が秋には鮮や
かに紅葉する。別名「デザー
トローズ(砂漠のバラ)」。

根元から新芽が出る。

福兎耳
[カランコエ属]

全体に白い毛をもふもふと生やし、透明感
がある。春、ピンクのかわいい花が咲く。

星美人
[パキフィツム属]

丸っこい愛嬌のある形が特徴。表面に白い
〝粉〟を吹き、日光の量を調整している。

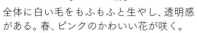

ブロンズ姫
[グラプトペタルム属]

シックなブロンズ（赤銅）色を美
しく保つには日光に当てること。

左・日陰に置いておくと、だん
だん緑になり、徒長する。
右・日なたで育てたもの。

黒法師
（くろほうし）
［アエオニウム属］

つややかな黒い葉を持つ。光が
足りないと緑っぽくなるので、
日光にたっぷり当てること。

30年ものの黒法師。長い年月の間に
緑の原種に戻りつつあり、葉が緑と
黒のツートーンに。珍しい現象。

多肉植物：
サンシモン（アエオニウム属）20年古株
黒法師（アエオニウム属）20年古株
サルメントーサ（クラッスラ属）古株
若緑（クラッスラ属）
フーケリー（パキフィツム属）古株
＊すべてベンケイソウ科

影ゆえに在る白と、白が生む影の間で

影ゆえに在る白と、白が生む影の間で記憶の奥にしまい込んだ白い欠片をたどる。
少年の頃へ思いを馳せて。

キク科の一部
Asteraceae

原産地 ● 全世界、特に北半球の温帯地域
気候 ● 西岸海洋性気候、ステップ気候、地中海気候、温暖湿潤気候
形・特徴 ● つる状のもの、毛を覆われたものなど、ユニーク。
　　　　　高温と湿度に弱い。
代表的な属 ● セネシオ属、オトンナ属

　キク科は、植物界で最も多様性に富む科の1つ。秋に咲くキクの花や、春のタンポポなどもそう。全世界のあらゆる地域に分布していますが、特に北半球の温帯地域に多く見られます。

　そのキク科の中にも、多肉植物があります。多くの属がありますが、特に代表的なのは、セネシオ属とオトンナ属。

　セネシオ属に属するのは、たとえば「グリーンネックレス」。鮮やかな緑の丸い玉が連なって垂れ下がる形が魅力的で、ハンギングなどにも使われます。白地にピンクが入った花が咲き、とってもかわいいのです（18ページ参照）。

　一方、オトンナ属の植物は、乾燥に強く、日差しが強い場所を好みます。ほとんどが小型で地表をはうように成長するため、石組みや岩の庭、屋上庭園などに向いています。

　アトリエでは、いつしか器から飛び出して、地面に根付いた子もいて。その子がタンポポに似た小さく黄色い花を咲かせていました。

　湿度に弱いので、風通しのいい場所で育てること。

グリーンネックレス
［セネシオ属］

銀月
[セネシオ属]

もふもふとした〝毛〟をまとい、「きつねのしっぽ」とよくたとえられる。

グリーンネックレス
[セネシオ属]

緑の小さな玉がネックレスのように連なってかわいい。砂漠地帯に生育。

京童子
[セネシオ属]

別名「アーモンドネックレス」と言われ、ぷっくりとしたアーモンド形が魅力。

スケイポサス
[セネシオ属]

葉が細く、白っぽい毛に覆われていて、キクっぽい形。南アフリカなどが原産。

美空の鉾
[セネシオ属]

やや青みがかった鮮やかな緑色で、光沢のある細長い葉が特徴的。

白寿楽
[セネシオ属]

しずく形の肉厚の葉が、ポコポコと増えて、上に伸びる。アフリカ原産。

ルビーネックレス
[オトンナ属]

別名「紫月」のとおり、紫がかった三日月のような葉が連なる。垂れ下がって成長。

ツルボラン科の一部
Asclepiadaceae

原産地 ● 全世界の熱帯地域、特にアフリカと南アメリカ
気候 ● 熱帯雨林気候、サバナ気候、地中海性気候
形・特徴 ● 三角形の肉厚な葉が密に並んだロゼット形。
　　　　　〝窓〟と呼ばれる、透明な部分を持つ。
代表的な属 ● ハオルチア属、アロエ属

　ツルボラン科の植物は、熱帯地域を中心に広く分布しています。多種多様な形を持ち、実は同じ科でありながら、多肉植物と多肉植物でないつる性植物があります。

　多肉植物であるハオルチアは、水分を蓄えた三角形の肉厚な葉が密に並んだロゼット形（円形で平たく伸びた形）の植物。特に南アフリカ原産のものが知られていて、乾燥した環境、特に冬季に雨量が多い地域、地中海性気候に適応しています。

　ハオルチアは進化の過程で、他の多くの多肉植物とは違った特徴を持つようになりました。たとえば、ハオルチアの葉は、〝窓〟と言われる透明な部分を持っています。これは、地上に出ている部分を高温や強い日光から守るためのもの。また、窓を通して光合成を行うことができるようになりました。

　日本ではお馴染みのアロエもツルボラン科に属し、キダチアロエという品種です。寒さに強く、生命力も強いのが特徴です。

クーペリー
［ハオルチア属］
明るいところで育てると透明
度が増し、いっそうきれいに。
葉は柔らかい。花言葉は「小
さな愛」。

白水晶
[ハオルチア属]

透明な葉先が水晶のようにキラキラと
輝き、神秘的な美しさがある。

紫オブツーサ
[ハオルチア属]

淡い紫色が美しく、丸みを帯びたかわ
いらしい形が魅力的。

緑オブツーサ
[ハオルチア属]

オブツーサにはいろいろあり、
これは緑色。「雫石」「砂漠の宝
石」とも呼ばれる。

ミラーボール
[ハオルチア属]

葉先がとがった幾何学的な美しさを持
ち、エキゾチックな紫色も魅力。

冬、紅葉すると紫に
なり、夏には緑色を
している。よく見る
と透明な突起がある。

玉扇マンモス
[ハオルチア属]

まるで恐竜？　砂に埋もれて生育するため、固いよろいをまとっている。

紫翠 (しすい)
[ハオルチア属]

三角すいの大きめの葉が幾重にも重なり、上に上にと伸びていく。

リザードリップス
[アロエ属]

長い三角の葉に白い模様が縞状に入っている。紅葉するとオレンジ色に。

春鶯囀 (しゅんおうてん)
[ガステリア属]

恐竜や爬虫類のような柄の肉厚な葉が印象的。ロゼッタ状に広がる。

47

サボテン科
Cactaceae

原産地 ● 主にアメリカ大陸。特にメキシコやアメリカ南西部
気候 ● 熱帯雨林気候、熱帯モンスーン気候、サバナ気候、ステップ気候
形・特徴 ● いぼ状の節から、2種類のトゲを出している。
　　　　　夜に開花するものが多い。
　　　　　独特の肉厚な茎をもつ。
代表的な属 ● マミラリア属、フェロカクタス属

　サボテンは、みなさんよく知っているように、肉厚な茎から
トゲが出ている植物です。ではなぜトゲがあるか？　これも、
サボテンが過酷な環境で生きるための進化の結果。

　まず、特徴的な肉厚な茎。中にはたっぷりの水が蓄えられて
いて、おかげで乾燥して水が少ない土地でも生きていけます。

　トゲは、強烈な日差しや、天敵である虫や動物に食べられな
いように、体を守るためのもの。風によって茎から水分が蒸発
するのを減らして、茎の温度を調節する役割もあります。

　さらに注目すべきは、開花のタイミング。サボテンは、主に夜
に花を咲かせます。この気候帯では昼間は気温が高くて花粉の
活動が抑えられてしまうので、夜に花を開いて、寄ってきた昆
虫やコウモリによって受粉が行われるのです。

　もし、お宅で育てているサボテンの花が咲かないようなら、
夜の照明が明るいのかもしれません。箱の中に入れるなど、真
っ暗にしてみてください。

グロボーサ
[マミラリア属]

球形で、短く密集した白いト
ゲを持つ。春〜夏に鮮やかな
ピンク色の花を開花。

マミラリア属のトゲは放射状
に伸びて2種類のトゲを持ち、
1つは先端がカギ状になって
いる。主に動物の食害から身
を守る役目だが、カギ状のト
ゲは動物の毛に引っ掛けて移
動するためではないかとも言
われている。

白星
[マミラリア属]

真っ白いふわふわのトゲに全
面覆われている。花も白い。
メキシコ原産。

神仙玉
[フェロカクタス属]

赤い花火が散ったような大胆さ、迫力がある。日光に当たるほど赤みが増す。

棘無王冠竜
[フェロカクタス属]

鮮やかな緑色の本体に、金色に輝くトゲが少し。突然変異でトゲが減った。

スーパー兜
[アストロフィツム属]

白点が大きく密に連なるように「兜丸」という品種から改良された。

ロフォフォラ
[ウバタマサボテン属]

トゲはなく、代わりにふわふわの綿毛を生やす。ぽってり愛嬌のある形。

金晃丸
<small>きんこうまる</small>
[パロディア属]

明るい金髪の若造な感じがキュート。
トゲは柔らかい。中南米原産。

小町
[パロディア属]

きれいな円形をしており、白い斑点部
分からふわふわのトゲが出ている。

白玉
[エキノフォスロカクタス属]

鮮やかな緑に細い波状の本体、星形の
トゲが美しく、まるで芸術作品のよう。

月世界
[エピテランサ属]

白いトゲが全体を覆い、白いサボテンに
見える。マスコットのようにかわいい。

ハマミズナ科

Aizoaceae

原産地 ● 主に南アフリカのケープ地方
気候 ● ステップ気候、地中海性気候
形・特徴 ● 草本（草のように育つ）がほとんど。
　　　　　　窓付きの葉を持つものや、乾燥した岩場に生育して
　　　　　　岩のような形状をしたものも。
代表的な属 ● アプテニア属、コノフィツム属

　ハマミズナ科の植物は、主に南アフリカのケープ地方に分布しています。この地域は、夏は涼しく乾燥し、冬は比較的湿度が高くなって、雨期と乾期がはっきり区別される地中海性気候。この環境で生きられるようにハマミズナ科は進化しました。

　中でもアプテニア属は、肉厚な葉を持つ多年草で、日光を好み、乾燥にも強いのが特徴です。地面を覆うように広がって、夏には美しい花を咲かせます。アプテニアは、広範囲にわたる地域で見られ、ぐんぐんと成長する姿や鮮やかな花色から、ガーデニングや寄せ植えによく用いられます。

　コノフィツム属は、脱皮して成長する珍しい種類です。葉は、2つの肉厚な葉身が互いに密着した形で、葉の真ん中からパカッと分かれて花が咲きます。

　また、まるで周囲の岩石の一部のように見える特異な形をしています。岩の多い場所で生育しているため、周囲の地形や景色に溶け込んで外敵から身を守っています。

ベビーサンローズ
［アプテニア属］

やわらかいクリーム色の斑が
入り、秋には葉の縁がきれい
なピンクに紅葉する。たくさ
んのピンクの花を咲かせる。

サザーランド
［フィロボルス属］

寒い時期には葉がやや紫がか
り、暖かくなると緑に。クリ
ーム色の花が咲く。

オブコルデルム
[コノフィツム属]

緑の豆状の葉に黒い模様があり、なんともユニーク。葉1枚が1株で、それぞれの葉の真ん中から芽が出て1つの花をつける。

ムンダムA
[コノフィツム属]

オブコルデルム同様、葉1枚が1株で、葉の真ん中から花が咲く。体の半分が土の中に埋まっていて、頭だけ地上に見せる。花は白色。

照波
てるなみ
［ベルゲランタス属］

ぷっくりと細長い葉が上に向かって成長。午後３時頃開花し「三時草」とも。

照波レモンゼスト
［ベルゲランタス属］

照波の仲間で、南アフリカ原産。夏は日陰の、風がよく通る場所に置いて。

天女
［チタノプシス属］

葉先に小さな突起がいくつもあってワイルドだが、かわいい黄色い花が咲く。

マツバギク
［デロスペルマ属］

南アフリカ原産で、キクのような花を咲かせることからこの名前。

パイナップル科

Bromeliaceae

原産地 ● 南アメリカ、特にブラジル

気候 ● 熱帯雨林気候、サバナ気候

形・特徴 ● 葉がツルツルしているもの、毛があるもの、低木のようなもの、他に寄生しているものなどさまざま。

代表的な属 ● チランジア属（エアプランツ）、ディッキア属

　果物のパイナップルも、実は多肉植物の仲間です。

　パイナップルの名前は、元々は南アメリカの原住民の言葉で、「おいしい果物」の意味。地上に出ている部分は多肉質の草のような形（草本）で、成長すると大きく、重厚な葉をつけます。

　中でもよく知られているのは「エアプランツ」でしょう。これもパイナップルの仲間で、チランジア属の俗称です。名前のとおり〝空中〟で生きています。根を地面に下ろすことなく、空気中から水分や栄養を吸収。その様子が空中に浮かぶ飛行機のようで、そう呼ばれるようになりました。

　またエアプランツは「着生植物（他の植物の上に生育する植物）」として知られています。たとえば、他の植物に付着して栄養分と水を得ていたり、葉の根元に昆虫などが入り込んで、その死骸をエサに成長していたり。三角すいの形は虫をとるのに好都合で、葉の根元に水分をためるのにも適しています。

　ディッキア属は、主に南アメリカの乾燥した地域に生育して

います。葉には強靭な鋭いトゲがあり、トゲから水分を効率よく吸収し、蓄えることができます。

　黄色からオレンジ、赤など、色鮮やかな花を咲かせるのもディッキア属の魅力。強い日差しと乾燥に強いため、屋外の風通しのいい場所で育てましょう。

ウスネオイデス
［チランジア属］
ふわふわで、木の枝や幹にくっついて自生している。葉の表面に「トリコーム」という毛があり、これが空中の水分をつかまえる。

イオナンタ
［チランジア属］
ウスネオイデス同様、空中の水分を捕らえるのが得意なので、霧吹きで水やりするのがおすすめ。

リトルウイング
［ディッキア属］
ギザギザの葉でイカつい容姿が人気。
白いトリコームを持つ。

アイスバーグ
［ディッキア属］
葉の幅が広く、葉のギザギザは小さめ。
白いトリコームに覆われ、白肌が魅力。

マサキ
［ディッキア属］
太陽光にたっぷり当たると、葉に黄色
と緑のラインがはっきり出て、美しい。

ファイヤーボール
［ネオレゲリア属］
放射状に葉を広げ、中心部に水をためて
水分を取り入れる。紅葉すると真っ赤に。

アクメアチャンティニー
ブラックアイス
［ツツアナナス属］

シマウマのように、白と黒の縞模様が
美しい。30cm以上と大きくなる。

ツツアナナス属は、小さい根
で木にしがみついて育つ。葉
の付け根はバケツのように貯
水できるようになっており、
そこにすむプランクトンや虫
などから栄養を取る。

イエローフォーム
［ツツアナナス属］

黄緑色と黒のコントラストが美しい縞
模様。日当たりと風通しのいい場所で。

ドミンゴスマルチンス
［ツツアナナス属］

はっきりとした白い斑点、細い縞があ
り、独特の風貌が魅力。春夏は緑になる。

リュウゼツラン科

Agavaceae

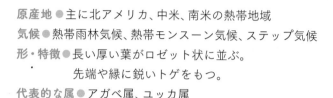

原産地 ● 主に北アメリカ、中米、南米の熱帯地域
気候 ● 熱帯雨林気候、熱帯モンスーン気候、ステップ気候
形・特徴 ● 長い厚い葉がロゼット状に並ぶ。
　　　　　先端や縁に鋭いトゲをもつ。
代表的な属 ● アガベ属、ユッカ属

　アガベ、聞いたことありませんか。ハチミツのようにどろっとして甘味料として使われ、テキーラの材料でもあります。これが属するのが、多肉植物のリュウゼツラン科。

　大型の花茎、長くて厚い葉を持ち、表面には厚いロウ質の保護層（カットクル）があります。葉に水分を蓄え、水分の蒸発を最小限に抑えるためで、アリゾナなどの砂漠で生きられるようになりました。さらにフロリダの湿地、南アメリカの熱帯雨林などに生育域を広げているのも特徴です。

　葉の先端には、鋭いトゲがあります。これは植物の天敵である草食動物から身を保護し、守るため。サボテン科にはトゲが2本あり、水分を吸収する役目もありますが、リュウゼツラン科にはその役目はありません。

　さらに進化の過程で、さまざまな環境に適応するよう、非常に多くの形と種類を持つようになりました。現在は世界中で育てられていて、ドライガーデンでは、大型のアガベやユッカが使われていることがよくあります。

スーパークラウン
[アガベ属]

葉先に大きく鋭いトゲを持つ。縦にクリーム色の斑が広く入るのが美しい。

スノーグロー
[アガベ属]

葉が細く、葉の内側の緑、斑のクリーム色、葉縁の紫。先端はとがって、痛い。

チタノタ
[アガベ属]

葉縁の白いギザギザが魅力的で人気が高い。先端にトゲを持つ。

ロストラータ
[ユッカ属]

線のように細い葉で、シャープな容姿。耐寒性があり、大きく育つ。

キョウチクトウ科
Apocynaceae

原産地 ● 世界中に広範囲に分布するが、熱帯と亜熱帯地域に特に多い。
気候 ● 熱帯雨林気候、サバナ気候
形・特徴 ● 木本（木のようになる）から草本までさまざま。
　　　　南アフリカで育つものは1本のトゲを持つ。
代表的な属 ● パキポディウム属

　キョウチクトウ科の中でも、属名の「パキポディウム」は、ギリシャ語で「厚い足」を意味します。その名のとおり、太く肉厚な茎を持っているのが特徴。主にアフリカ大陸のマダガスカル島に多く見られます。

　マダガスカル島は地域によって環境が異なり、東は貿易風の影響を受けて雨が多く、西は乾燥。島の中心は高原で、砂漠から岩場、山岳の地域もあります。このようなさまざまな環境に適応するように、各地域で独自の形に進化、発展してきました。

　写真にあるように、水分を貯蔵できる太い茎と、表面にはトゲを持っています。このトゲは乾燥と敵から身を守る役割のもので、特にアフリカで生きるものは、トゲは1本1本が独立しています（サボテン科が2種のトゲを持っているのと、ここが違います）。

　見た目はゴツイですが、季節によって美しい花を咲かせるなど、非常に興味深いです。

カクチペス　　サンデルシー　　グラキリウス　　デンシ
　　　　　　　　　　　　　　　　　　　　　フローラム　　恵比寿笑い　　エニグマティクム

＊すべてパキポディウム属

トウダイグサ科の一部
Euphorbiaceae

原産地 ● 世界中に分布しているが、特に熱帯から亜熱帯地域に多い。
　　　　アフリカなど。
気候 ● 熱帯雨林気候、サバナ気候
形・特徴 ● 塊状のもの、低木のものなどさまざま。
　　　　南アフリカで育つものは１本のトゲをもつ。
代表的な属 ● ユーフォルビア属

トウダイグサ科の中でもユーフォルビア属は、特に多様性に富んで、2000種以上の種があるとされています。形もさまざまで、多肉植物の中でもダントツの幅広さ。サボテンに似た肉厚なものから、草本や小型の低木まであります。

多様性に富むとは、地球上のあらゆる気候と地形に合うということ。生育地域は広範囲で、特に乾燥地に生育するものは、乾燥に耐えられるように肉厚な茎や葉を持ちます。

また、多くのユーフォルビア属の植物は、刺激を受けると白い乳液を分泌する特徴があります。この乳液は一部の種では有毒で、天敵から身を守る役割を果たします。

他にも、肉厚な茎に美しい模様がついたものや、サボテンのようにトゲのあるものなど、見た目の魅力にあふれた種類がたくさん。南アフリカで育つものは独立したトゲを１本持ち、天敵から守る役目をしていますが、水を吸うことはできません。

ホリダ
[ユーフォルビア属]
サボテン似だが別種。トゲの部分から
花が咲き、花柄が硬化してトゲになった。

ギラウミニアナ
[ユーフォルビア属]
根本から枝分かれし、低木のように育
つ。先端には鋭いトゲがびっちりと。

オベサ
[ユーフォルビア属]
オベサにはオスとメスがあり、通常は区別が
しにくいが、花が咲くと違いがよくわかる。

雄株

雌株

Let's enjoy
group planting of
succulents

多肉植物を
寄せ植えしよう

寄せ植えは「小さな庭」だと思っています。
器のキャンバスにどんな庭を描こうか、
それを考えるのは楽しいもの。
私の場合、多肉植物がさまざまにからみあって成長していく姿に
魅力を感じるので、器に対して、かなり密に植え込みます。
植物は、屈性を持っているので
互いの葉に当たってさまざまに方向を変えて育ち、
時にからみあうことがあるのです。
もちろんゆったり植えるのもいいですよ。
そしてそれがどんなふうに育っていくか
成長の姿を楽しんでください。

あなたの描く小さな庭。
多肉植物の寄せ植えをしてみましょう。

やってみよう！

道具

❶ ピンセット
小さい花材を土に植え込んだり、向きを調整したりするときに使用。

❷ ヘラ
土をしっかり器に入れ込む際に使用。木製で細いものが使いやすい。コーヒーショップのマドラーを代用してもいい。

❸ ハサミ
花材を剪定するときに使用。

❹ スコップ
土を器に入れるときに使用。

❺ 化粧砂
仕上げに土の上に乗せる砂。なくてもいいが、あるとキレイに仕上がる。

❻ 土
水はけのいい粗めの土を使用。100ページを参照して。

❼ 器（植木鉢）
植えたい器の大きさはお好みで。ただ、底に穴が開いていること。

❽ 網
網戸用の網を、器の穴より大きめにカットして使用する。

花材を準備する

多肉植物をポットから出す。

1

プラスチックポットの上から手で土を
ほぐす。

2

多肉植物の頭を持って上に持ち上げ、
土から取り出す。上に持ち上げるのが
ポイント。横に引き抜くと、葉の間に
土が入る可能性があるのでご注意を。

枝ぶりを整える。

3

ポットから外したら、枝ぶりを観察し、
余分な部分はハサミで切る。

4

切り落としたほうは、土に差す。次第
に根が出て育っていく。

植え込む

器に土を入れる。

器の上から4cmほどの位置まで土を入れる。

花材はブーケのように形作る。

1
ボリュームのある花材は株分けし、使いやすいサイズにする。

2

ブーケを作るように、バランスを見て組み合わせる。

3
器に配置して土を入れ、花材をゆるく止める。

4

同様に次のブーケを作り、器に配置し、土を入れる。

ポイントになる花材を入れる。

ポイントになるように、背が高めの花材を入れてもいい。ピンセットを使って器に入れ、もう一方の手で押さえる。

バランスが取れたら、土を入れて花材を固定する。指で土を押さえてしっかり止める。

さらにもう少し花材を入れたければ、ピンセットで植え込む。

花材の植え込みが終わったら、花材を指でカバーしながら、ヘラでつついて土を押し込む。足りなければ土を加えて、花材をしっかり固定させる。

完成！

ですが、
これがゴールではありません。
新しい〝家〟を持った
多肉植物がどんなふうに
育っていくかの出発点。
これからの成長に夢を抱いて、
育ててみてください。

寄せ植えのポイント

「自分だけの小さな庭」と言っても、なかなかイメージしにくいかもしれません。

ここでお伝えするのは、私が寄せ植えを作るときのポイントです。あなたの小さな庭を作るためのヒントになれば幸いです。

◉同じ"科"のもので整えるのがおすすめ。

私の場合、ベンケイソウ科の多肉植物を寄せ植えによく使います。紅葉するもの、地をはって育つもの、上に伸びるものなどと種類が多く、景色を作りやすいからです。

また同じ科であれば、水やりのタイミングも基本同じと考えて大丈夫。育て方がシンプルになり、お世話しやすくなります。

◉景色を作るようにデザインを。

私が寄せ植えの際によくイメージするのは、子どもの頃の遊び場です。新潟の海辺で育ち、海と家の間にある防風林の下で遊んでいたものでした。それをミニチュアにしているので、左の写真のように、真ん中に大きな多肉を置いて、その周りに小さな多肉を配置して。大きな木の下で、小さい子どもが遊んでいるようでしょ？

「どんなふうに育っていくかな〜」とこれからの変化を想像して作ることもあります。器からインスピレーションを受けて、想像が広がっていくことも。

そんなふうに、あなただけの景色を描いてみてください。

◉360度、どこから見ても景色になるように。

寄せ植えは平面ではないので、どこから見ても美しくなるように植えるようにしています。

なので、器を回転させながら、全体を見回してみてください。また違った景色が見えて、おもしろさがふくらみますよ。

◉植物の持つ"屈性"を生かして。

67ページでお伝えしましたが、私は器に対して密に植えるようにしています。植物には、他者に当たると成長の方向を変え、自分の生きる新たな道を見いだす性質があるので、それを発揮しながらの成長を見守るためです。

その姿を見ていると、小さな庭どころか小さな地球、宇宙にも思えてきます。自然の中で生じる営みが、器の中で繰り広げられているのです。

植え替えをしてみよう！

「当初はかわいかったのに容姿が
変わって別の子のようになってき
た……」との声をよく聞きます。
それも成長の過程として愛してあ
げてほしいのですが、もう一度寄
せ植えし直してみることも一手で
す。その方法をお伝えします。

Before

寄せ植えして、3年たった状
態。どことなくワイルドで、
中には枯れたのもある。

---

1 土をヘラやピンセットでほぐしながら、植物を取り出す。

 〉〉〉

枯れたものは除き、
元気な植物は生かす。

After

伸びた若緑(34ページ参照)
の流れを生かして植え替え。
動きが出て、リズミカル。

2 70ページの寄せ植えの仕方と同様に、新たな寄せ植えを作る。

バランスを見て、新しい多肉を加えると、より新鮮さが増す。

根が長く伸びていたら、短く切って、整えてから植え込む。

違う器に植え替えてみた

イメージを一新するには、器の効果を活用しましょう。

Before

After

下のほうは枯れて、それぞれワイルドに伸びている。

小ぶりな器にしたせいか、全体にかわいらしさがアップした。

〉〉〉

作業は74ページと同様で、元の器から植物を抜き出し、根を整える。

救出した植物（左）に、新規の植物を加えて植え替えをする。寄せ植えの方法は70ページの方法で。

徒長した子がいたら……

徒長とは、茎が異様に伸びてしまうことを言います。多肉植物の場合、光が足りなくて、光を求めて伸びてしまうことが多いですね。

そうなったらまず外に出し、太陽の光をいっぱい当ててください。植物に力が戻ったら、次の作業をしてみましょう。

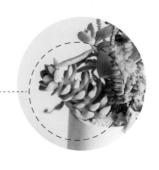

徒長した植物を取り出し、伸びている部分で切り分ける。

上部分は……

下部分は……

茎の下のほうの葉を落とし、傷口が乾くまで放置する。

そのまま土に植える。

乾いたら、土に植える。

多肉植物は切り落とした部分からも成長する、実にサステナブルな植物なのです。

TOKIIROの多肉植物の世界

寄せ植えをするとき
昔遊んだ防風林の下をよく思い出します。
器を敷地に見立ててどんな植物を植えようか。

名もなき小さな世界

世界をどんどん小さく見ていくと人類の目線では見えないゆらぎや凹凸があることに気づきます。その小さな世界にも生物同士が互いに関係を保ちながら生きています。

樹齢30年の黒法師から株分けされた葉姿は、圧倒的な存在感で小ささを感じさせません。

器：北岡幸士
多肉植物：
黒法師（アエオニウム属）
若緑（クラッスラ属）
パンクチュラータ（クラッスラ属）
グリーンペット（セダム属）
カメレオン（セダム属）
パリダム（セダム属）
グリーニー（ダドレア属）
ルビーネックレス（オトンナ属）
＊すべてベンケイソウ科

多肉植物の輪

幸せ、平和の象徴でもある輪。多肉植物で制作しています。土台には固まらない通常の用土を使用しているのでこのまま育って生きているリース。冬季にはうっすら紅葉していますが、夏から秋にかけては白、緑が基調のさわやかな色合いに変化する品種を使いました。

多肉植物：
イードンスノー（エケベリア属）
ピーチプリデ（エケベリア属）
春萌（セダム属）
乙女心（セダム属）
黄麗（セダム属）
スノージェイド（セデベリア属）他
＊すべてベンケイソウ科

小さな森の守り神

冬になり、真っ赤に色を染める唐印は、私にとっては神秘的な存在。守り神だと感じています。まっすぐ上に伸びて、下には子どもをいっぱい生んで、繁栄を司るように見えるから。
葉の形もなんだか優しい曲線です。

器：大谷桃子
多肉植物：
唐印（カランコエ属）
薄氷（グラプトベリア属）
虹の玉（セダム属）
＊以上ベンケイソウ科
ルビーネックレス（キク科オトンナ属）

あふれ出る世界

枠にとらわれず、外の世界を見てみたい。思春期にそう思って、実家を出る決意を固めました。そして世界はどこまでも大地に続いていました。今では土の中の世界、水の中の世界、そして宇宙へと広がる空間のすべての生命のつながりに想いを馳せています。

器：飯高幸作
多肉植物：
アフィニス（エケベリア属）
薄氷（グラプトベリア属）
ダシフィルム（クラッスラ属）
タイトゴメ（セダム属）
＊すべてベンケイソウ科

81

白い大地に宿る多肉の森

大谷さんの植木鉢が持つ白い磁器独特の切れ味、なめらかさ。轆轤でひかれ
た美しいシルエットのたたずまい一つ一つと向き合い、ミクロとマクロを
行ったり来たり。虫の視点で鬱蒼とした密林をくぐり抜け、鳥の視点で空
から森を見下ろす。人が生きるずっと前から生命を宿す森の懐に抱かれて。

器：大谷哲也
多肉植物：
ジャイアントラビット
　（カランコエ属）
月兎耳（カランコエ属）
福兎耳（カランコエ属）
サンライズマム（セダム属）
ブレビフォリウム（セダム属）

覆輪丸葉万年草（セダム属）
ゴールデンカーペット（セダム属）
ポスティム（セダム属）
森村万年草（セダム属）
グリーンペット（セダム属）
春萌（セダム属）
レズリー（エケベリア属）
ラウリンゼ（エケベリア属）

デビー（グラプトベリア属）
若緑（クラッスラ属）
ダシフィルム（クラッスラ属）
黒法師（アエオニウム属）
サンシモン（アエオニウム属）
＊以上ベンケイソウ科
美空の鉾（キク科セネシオ属）
銀月（キク科セネシオ属）

83

多肉のある街

中世ヨーロッパの、石畳のある街をイメージして作られた器たち。緑豊かに多肉植物が彩りを添える街並みは、時を追うごとに移ろい、ノスタルジックな表情に。古き良き街をさまよう私がここにいます。

器：中山典子　　　　　若緑（クラッスラ属）　　　　　春萌（セダム属）
多肉植物：　　　　　　紅葉祭り（クラッスラ属）　　　黄金丸葉万年草（セダム属）
黒法師（アエオニウム属）　サルメントーサ（クラッスラ属）　粉雪（セダム属）他
リラシナ（エケベリア属）　ブロンズ姫（グラプトペタルム属）　＊すべてベンケイソウ科
スノーバニー（エケベリア属）　レディジア（セデベリア属）

85

多肉植物が
元気に生きるために
大切なこと

私たち人間が生きていくために、
食事をして栄養分を体に取り入れ、
水などの水分も取ります。
同様に、植物も水や栄養分が生きるために必要です。
では植物は、どのように水や栄養分を取り入れているのでしょう?
根から水分とともに土中の栄養分を吸い上げています。
そして、小学生のころ、理科の授業で習いましたよね、光合成のこと。
ただ多肉植物は、根がそれほど発達していません。
根のない子もいるくらいです。
光合成についても、他の植物とはまったく違う
システムを持っています。
それもこれも、生きてきた環境が特殊だったために進化した結果。
ここでは、多肉植物が生き抜くための
素晴らしきシステムについてお話しします。

葉っぱが緑なのは、光合成のため

「葉っぱはどうして緑色をしているのか」、考えたことはありますか？　答えは、葉の中に「クロロフィル（葉緑素）」という緑の色素があるからです。そして、植物が光合成をするために重要な役割を果たします。

　光合成とは、太陽の光と二酸化炭素を植物の体内に取り入れてエネルギーに変え、さらに、生きていくための栄養分を作り、酸素を吐き出すこと。

　クロロフィルが太陽の光をキャッチすると、光合成が始まります。

　ただし、光合成をスムーズに行うためには太陽の光、二酸化炭素、水のほか、リンやチッ素、カリウムなどのミネラルも実は必要なのです。それらがどう関わっているか？　理解するためにまずイメージしてみてください。

　植物の葉の中に、小さな工場〝光合成工場〟があります。
　この工場には、
❶太陽の光が当たるときにしか働かない機械
❷いつでも働ける機械
の２つの機械があります。

　❶の「光が当たるときに働く機械」は、太陽の光を受け取るとそれをエネルギーに変え、大事にためておくように働きます。

具体的には、太陽の光と、植物が根から吸い上げた水、空気中から取り込んだ二酸化炭素が材料となってエネルギーに変えられます。これを「光依存反応」と言います。

その後、❷の機械が動きだします。❶の機械でできたエネルギーを使って、植物が生きていくための〝食料〟となる栄養分が作られ、酸素が空気中へ排出されます。これを「光非依存反応（または、カルビン回路）」と言います。

この2つが植物の中で行われるのが、一般的な光合成の仕組みです。

一般的な光合成

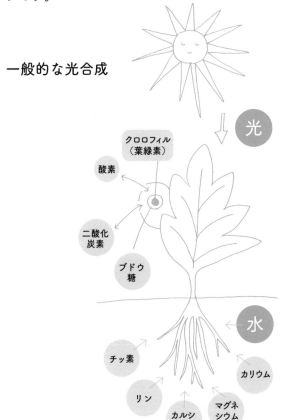

夜は呼吸のみになるため、酸素、二酸化炭素の矢印は一方方向になる（酸素は中に、二酸化炭素は外に）。

多肉植物の光合成は、変わっている

　一般的な植物の光合成は、太陽の光が必要なので〝昼間〟に行われます。でも、多肉植物は違います。多肉植物は、水が少ない乾燥地で元気に生きていく方法を身につけました。

　それは、「夜に光合成を始める」こと。

　多肉植物の葉には、空気などの出し入れができる「気孔」があり、これはよく扉や窓にたとえられます。

　夜、多肉植物は気孔を開いて、空気中の二酸化炭素を体いっぱいに吸い込みます。

　太陽が出ている昼間には気孔を閉じ、夜に取り込んだ二酸化炭素と太陽の光、体内にため込んだ水分、あるいは根から吸い上げた水分を使ってエネルギーと酸素を生み出します。そしてその酸素は、夜、再び気孔が開いたときに、空気中に放出されます。この特別な光合成を「CAM型光合成」と言います。

　多肉植物が生きている環境は、雨があまり降らず、乾燥している場所が主。昼は太陽の光がガンガンに照りつけるため高温になることが多く、水分があるとすぐ蒸発してしまいます。そのため、水はとても貴重です。

　だから多肉植物は「体内にできるだけ水をため込んで、その水を節約しながら長く生きていきたい！」と進化しました。

　昼間は気孔を閉め、気孔から水分が蒸発するのを防ぎます。

　そして気温が下がってきた夜に気孔を開けて、二酸化炭素を

取り込んで、同時に、酸素を放出します。実はこのとき、水分を
放出しながら（蒸散）、体温調節もしているのです。

　昼間はその過酷さにじっと耐えて、夜、気温が下がったら体
温も下がり、解放されたように呼吸をたっぷりして、体をリフ
レッシュさせている ── そんな姿を想像してしまいますね。な
んてけなげなんでしょう。そう思いませんか？

　これが多肉植物が、カラカラの砂漠でも元気に育つ秘密です。

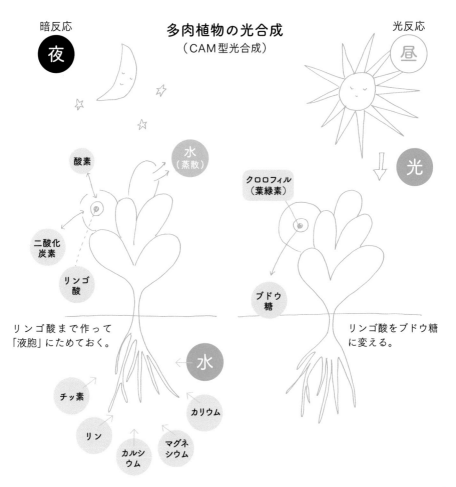

多肉植物の光合成
（CAM型光合成）

暗反応
夜

光反応
昼

光

酸素

水
（蒸散）

クロロフィル
（葉緑素）

二酸化
炭素

リンゴ
酸

ブドウ
糖

リンゴ酸まで作って
「液胞」にためておく。

リンゴ酸をブドウ糖
に変える。

水

チッ素

リン

カルシウム

マグネシウム

カリウム

なぜ植物に水をあげる？

　地球上の生命は、そのほとんどが「水」を必要としています。生きるために大切な資源。生命の歴史（20ページ参照）でもお伝えしましたが、水があるから地球上に生命は誕生しました。

　なのでもちろん、植物が生きるためにも水は非常に大切です。植物を育てる際、水やりは欠かせませんよね。でももう少し突き詰めて、植物において、水がどう必要なのか？　その理由を考えてみましょう。その上で「多肉植物ならどうか？」を考えてみたいと思います。

1.　光合成の材料になる

　水は、植物が光合成を行うための重要な成分です。88ページでお伝えしたとおりです。

2.　栄養素を吸収する

　生きていくために必要な栄養素のことを「必須栄養素」と言いますが、植物が体内で栄養素を作る際、土の中にあるチッ素やリン、ミネラルなどが必要です。特にリンとチッ素はDNAの材料なので非常に大事。

　植物がそれらを吸収しやすくするために、土にすむ細菌が活躍します。この細菌が生きるには、やはり水が必要です。

　また、カリウム、カルシウム、マグネシウムなどのミネラルは常温では個体ですが、水に溶けてイオン化することで根から吸収されるようになります。

3. 栄養素を運搬する

　水は、植物が土から吸収したミネラルや、光合成でできた栄養素を、植物の体全体に運ぶための主要な手段です。これにより、植物全体に元気が行き渡り、成長や生命活動を支えます。

4. 温度調節

　植物は、水を使って体温を調節しています。多肉植物の場合、夜、気孔を開けて水分を放出（蒸散）させることで、日中に上がった体温を下げて、コントロールしています。

5. 細胞の維持

　植物の細胞は、水を含むことでハリを保ち、植物がシャキッと立って、美しい形と機能を維持します（だから水分が少なくなると、ヘナッとなってしまうのです）。光を効率よく受け取ることができ、光合成をしやすくなります。

6. 種子の発芽

　植物の種は、発芽するために水が必要です。 水分を吸収すると、種子の中に保存されていた栄養素が活性化して、新たな生命が始まります。

　これらの理由から、植物には水が必要なのです。どの程度、どのように水を考慮するかは、その植物の種類や生育してきた環境によりますが、「なぜ水をあげているのか」を考えると、うまく付き合えると思うのです。

なぜ〝失敗〟したの？

　ここで、巻頭でお話しした〝失敗〟はなぜ生じたのか、考えてみましょう。

　特に「ストーリー１」（２ページ）について。多肉植物がみるみる元気がなくなってしまったので、水をあげたところ、さらに元気がなくなってしまった。そして、根を見てみると、根腐れしているわけではなかった……というお話。

　今までお伝えしたことから検証してみます。

　多肉植物が生きるには、大きくは、太陽の光、水、二酸化炭素が必要です。

　水は、根腐れしていなかったことから、問題はなかった、と考えられます。

　二酸化炭素は、空気中に存在するので、問題ありません。

　そうなると、大きな要因は「太陽の光」！

　雑貨店などで多肉植物が売られていますが、実は私は非常に心配しているのです。室内の光は、太陽の光に比べてかなり弱く、太陽がガンガン照り付けている環境で育ってきた多肉植物にとっては、太陽の光がまったく足りない！　これでは光合成がうまくできず、弱ってしまいます。

　別の話をしますね。多肉植物を育て始めたのはいいけれど、数日するとヒョロヒョロと伸びてきて、かわいさが激減した！ということ、ありませんか？

これ、徒長です。太陽を求めている姿なのです。

多肉植物が育ってきた環境は、太陽が非常に強く照り付ける地域。なので、家の中の光では非常に弱い。光量を測定する装置で調べてみると、ガラス1枚隔てただけで太陽光は激減していました。透明だから太陽の光をそのまま通していると思っていたら、大間違い！　特に植物が育つのに必要な波長の光をガラスは主に遮るので、室内は多肉植物には育ちにくい環境になっているのです。

だから私は、「多肉植物は外で育ててください」と、販売する際お伝えしています。

そしてもう1点。日本で多肉植物を育てる際に気をつけなければならないのは、夏。太陽光は十分にありますが、日本の場合、湿度がかなり高いです。多肉植物は乾燥地で育ってきたので、湿度に弱いのです。夜は熱帯夜になることが多く、1日中気温は高いまま。これでは多肉植物の体温もずっと高いままで、多肉植物にとってストレスでしかありません。

日本の夏での育て方は4章でお話しします（106ページ）。

多肉植物のリズムと地球のリズム

地球は1日24時間で1回転します（自転）。その間に、太陽の光の受け具合で、昼と夜が生まれます。

また地球は、1年365日をかけて太陽の周りを1回転します（公転）。その間に日本では、春夏秋冬、4つの季節が現れます。

太陽の光は、多肉植物が生きていくために重要だとお伝えしました。多肉植物が生きてきた場所の環境と日光などの条件を想像して、理解してみるようにすると、多肉植物との付き合い方や、元気がなくなってきた場合のケアもやりやすくなると思います。

1. 昼と夜のリズム

地球が1日24時間かけて1回転する中で現れる、昼と夜。

特に多肉植物は、夜に光合成をしています。

多肉植物が生きている主な地域は乾燥し、日中の日差しが非常に厳しく、反対に夜はぐっと気温が下がるところ。1日の中で日差しの強さは極端に変わります。

地球のリズムに合わせて日差しはどれだけ変わるのか。それを考えることはつまり、「多肉植物にとって必要な日照時間」を考えるということ。多肉植物の生き方を理解するのに一歩近づくことになります。

2. 生きるのに必要な太陽の光の量

多肉植物の中には、強すぎる日光を避けるために、葉に粉をま

とったり（ラウイ、ベンケイソウ科。31 ページ）、毛を生やしたりしているもの（銀月、キク科。42 ページ）もあります。サボテンにトゲができたのは、高温によって葉から水分が余分に蒸散するのを防ぐためです。このように生きてきた環境に応じて得た特徴をそれぞれが持っているので、その環境に似た環境を作ってあげると、多肉植物は喜んで伸び伸び育ってくれるはず。

　もし環境が合わなければ、たとえば銀月は、太陽の光が弱くなると、毛をなくしてしまいます。光が足りないことがストレスになって毛をなくしてしまうんですね。

　植物はストレスを感じると、ストレスを軽減させようと体を変えて生命を守ります。生きてきた環境になるべく近い環境を作って、できるだけストレスを感じさせないようにしてあげることが大切です。

3. 季節の変化に合わせた生き方

　地球は1年で太陽の周りを回転し、その間、太陽との位置の関係から日本では季節が生まれます。夏は日光がたくさん当たる季節になり、冬は日光の量が弱くなって、気温がうんと下がる季節になります。その変化に合わせて、植物は生きるリズムを調整しています。私たち人だってそうですよね。

　多くの多肉植物は、気温が10～30度で光合成が活性化し、成長します。これは季節の変化に適応してきた結果です。これを理解できれば、もし多肉植物が弱ってきたときも、より正しいケアができるようになります。季節による育て方の注意は、106ページでお伝えしましょう。

4. 人も植物も宇宙の資源、ともに生きる

　多肉植物の中には、30～40年に一度しか咲かないリュウゼツランや、何千年もアフリカで生きているバオバブもあります。それを思うと、「星を見ながらリズムを刻んでいるのかな？」と宇宙のロマンに思いを馳せていることが、私はよくあります。実際、植物と宇宙の星との関係を調べている学者もいるんですよ。

　たとえば木星。太陽系の中で最大の惑星で、公転期間は約12年。この周期が地球上の気候や見通しに沿ってという説があり、一部の植物の成長や繁殖期間に影響を与える可能性もあります。

　土星は、公転期間は約30年。地球上の長期的な気候変動や生物の進化に影響を与える可能性があります。特に、バオバブなどの長寿命の植物や森林の成長に影響を考えるという説があるんです。

　1章で「答えは地球にある」という柳生真吾さんの言葉をお伝えしましたが、この考え方を広げると、地球がある宇宙に答えはある、ということになりますかね。

　でもまずは、私たちが住んでいる地球が第一歩。
　地球上のすべての生命体は互いに影響し合っています。私たちが植物を育てることで、自然のリズムを身近に感じることができます。それは、私たち自身の地球のリズムを整える機会でもあります。植物とともに生きることで、未来に生命がつながり生きる可能性が広がる……。そんな気持ちになりませんか？

多肉植物に優しい土選び

　自然の土壌は、「無機物質」と「有機物質」の2つからできています。

　無機物質は、主に風化した岩石が元。風や雨、温度変化などによって、数百年から数千年という長〜い時間をかけて岩石が分解や変質を繰り返して生じたものです。鉱物や粘土がその例ですが、これは土壌のある環境などの特性を決定します。

　有機物質は、主に植物や動物の死骸、微生物が関係しています。死骸は、微生物や昆虫、ミミズなどの土の中で生きる生物によって分解され、栄養分へと変わります。日数にすると、数週間から数年でしょうか、個体によって違います。

　有機物質が多いと、土壌は肥沃で、栄養分が豊か。植物の成長に必要な栄養を供給してくれます。「有機肥料」を土に入れるのは、植物が育つための有機物質の栄養分が豊かだからです。

　自然の土壌は、この無機物質と有機物質が相互作用を持つことで生まれ、進化してきました。土壌を見ると、生命の循環、植物や動物が生きて死んで分解されてきた歴史がわかります。また、たどってきた環境の変化もわかります。つまり土壌は、生命の概要や地球の自然環境の変遷を物語る、非常に価値のある存在。そこにも実はロマンがありました。

水はけよく、風通しよく

多肉植物は本来、乾燥した環境に適応しているため、水はけがよく、水分が長く止まらない土壌が適しています。

多肉植物の弱点は高湿に弱いこと。空気中の湿度が高いと、多肉植物は体温調節ができませんし、土の中の湿度が高くなると、土は酸素不足になってしまいます。植物の根は酸素を必要とするため、土の通気性も重要なのです。

市販されている多肉植物用の土は、多肉植物が好む環境を参考にして作られています。

赤玉土、火山砂、鹿沼土など。これらはゴツゴツとして粒が大きいのが特徴です。そのため鉢に入れたとき、粒と粒の間に空間ができるので、水はけはよくなり、空気の通りもよくなります。おかげで植物の根が深く伸びやすくなります。

また、多肉植物が育つのに程よい水分量を保つことができます。多肉植物は過度な湿気に弱いので、それを防いでくれます。

私が自分で土を作る場合は、赤玉土、火山砂、腐葉土、鹿沼土、バーミキュライト等を混ぜます。基本の割合は赤玉土：火山砂：腐葉土を３：３：１。この割合は単なる一例で、専門的になると育てる多肉植物の種類や生育環境によって調整が必要ですが、家で楽しむ場合は、「土の水はけよく、風通しがいいように」の２点に注意して土作りをするとうまくいくと思います。

Succulents
Q & A

多肉植物の「困った!」に
お答えします

もし多肉植物の育て方に困ったら、
巻頭からお話ししている真吾さんの言葉「答えは地球にある」を
思い出してみてください。
地球が持っている答え＝知恵は、自然界が長い時間をかけて
磨き上げた、生命を維持して存続させるためのシステムですから。

ポイントは「環境」と「光合成」。
そのために必要な「太陽の光」「水」「二酸化炭素」。
これらが足りているかどうかをチェックしてみてください。

困ったら、地球に聞いてみて！

ここでは、私のワークショップでよく寄せられる
質問をまとめました。
参考にしてみてください。

Q 買ってから数日なのに、ヒョロヒョロとして
かわいくなくなってしまいました。元に戻せますか?

Answer ....

　光不足が疑われます。多肉植物が喜ぶのは10〜30度の場所。
もし温度が適しているのにヒョロッと弱々しく伸びてきたら、
光を求めて徒長した状態です。光が足りなかったんですね。日
光がよく当たるベランダなどの屋外に置いて、まずは元気を回
復させてあげてください。

　元気が戻ったら、77ページの方法できれいに整えてあげると
いいと思います。切り落とした葉っぱは土の上に乗せておいて
くださいね。新しい命が芽生えますから。

 Q 水やりはどんなタイミングで、
どれくらいあげればいいですか?

Answer ....

　日光がたっぷり当たって風通しのいい場所で育てている場合、
1週間に一度、底穴から水がたっぷり出る量をあげるのが目安。
多肉植物を育てているお宅の環境にもよるので、様子を見なが
ら水やりのタイミングを見つけてください。

　多肉植物は「水やりが少なくてよく、管理が簡単」と言われ
ますが、水が不足すると光合成ができなくなり、栄養分を運ぶ
こともできません。**たくさんの光と適度な水が大切**です。

　また、ウスネオイデスやイオナンタ(エアプランツ、57ペー
ジ)の水やりは、朝夕に霧吹きでシュシュッと、雨を降らすイメ
ージであげるといいです。

Q 肥料はどのタイミングであげますか？

Answer ....

　基本、肥料は少なめでゆっくりとあげます。というのは、多肉植物の多くは、土地がやせた砂漠や、栄養分がほぼない岩場のすき間で育っています。なので、他の植物と異なり、土から栄養分を吸い上げる力が弱い。液体肥料は多肉植物には強すぎて、肥料をあげるとかえって根が焼けて、多肉植物が弱ってしまうのです。

Q 多肉植物は日光に強いと聞いたのですが、
夏、どんどん弱って、色が薄くなってきました。
元気になりますか？

Answer ....

　種類によりますが、日差しには強いものの、湿度や夜の高温には極端に弱いものが多いです。

　特に日本の夏の湿度は厳しいですからね。夜も気温がなかなか下がらず、熱帯夜が続くことがありますよね。その場合は、**夜のみ室内に入れて、扇風機で風を通すのも一手**です。そうすることで、多肉植物の中にこもった熱が水蒸気とともに放出されて、体温調節が行われます。多肉植物は体温が下がって熱から解放され、きっとホッとしていると思いますよ。

　夜の光合成がきちんとできるようになると、栄養分ができて全身に運ばれ、元気になっていくはずです

　そして、**朝になったら、また屋外に！**　これも忘れずに。

Q 季節によってお世話の仕方は変わりますか？

　多肉植物の多くは、日本では春と秋に生育期を迎えます。それは、多肉植物の光合成が10〜30度で活性化され、春と秋にこの温度帯の日が多いから。私たち人にとってもこの季節は心地よく、散歩や花見、紅葉狩りに行くなど外で過ごしたくなりますよね。それと同じ。植物は、たっぷりの太陽を浴びてほどよい水を取り入れると、光合成がスムーズに行われて体内に十分な栄養分が行き渡り、ぐんぐんと成長します。

　では夏は……。昨今の日本の夏は猛暑で、40度近くになります。夜になっても気温は下がらず、湿度は高いまま。寝不足や熱中症になることもあって、「冷房をつけて寝ましょう」と言われるようになりました。植物も同じなのです。

　多肉植物は、気温が30度を超えると光合成のスピードがゆるくなります。激しく降り注ぐ太陽光から身を守るためにこのワザを獲得しました。ただ多くの多肉植物の生育場所は、夜には気温が下がり、昼夜の寒暖差が激しいところ。そのため、日中に上がった体温を夜に下げて体温調節しています。ですが日本の場合は夜になっても体温を下げられず、暑さから解放されません。多肉植物にとって過度なストレスでしょう。

　そのため30度を超す日には、半日日影で風を通し、水をたっぷりあげて、土を冷やすようにしましょう。105ページでお伝えしましたが、夜のみ扇風機で風を当てるのも手だと思います。

　一方気温が10度以下になると、光合成に使う水は少量でよく

なります。0〜10度の地域なら、屋外の北風の当たらないところで育て、寒波が来るような日だけ屋内に避難させましょう。

　また、気温が0度を下回る地域では、冬の間だけ10度以下の屋内で育てるのもいいでしょう。屋内の10度を超える場所に置くと、光合成を始める方向にスイッチが入り、光不足になります。注意してください。

植木鉢からこぼれて、どんどんと育っていった。こんなに狭い場所に入り込んで育っていくなんて。けなげで、かわいくて仕方ない。

Q 雨に当たっても大丈夫ですか？

··

　大丈夫ですが、<mark>2日以上雨に当たり続けないように</mark>気をつけてください。

　多肉植物が自生する原産地の環境を想像してみてください。雨は降らないわけではないですが、雨量の少ない地域です。

　日本の場合、特に梅雨時期などにじっとりと雨が降り続くことがあり、この時期は要注意！　雨に当たり続けると、多肉植物は極端に弱ってしまいます。長雨のせいで葉の気孔は閉じたままになり、光合成に必要な二酸化炭素を取り込めなくなりますから。1日2日なら我慢できますが、3日も二酸化炭素を補給できない状態が続くとストレスになって葉の中で活性酸素が発生し、自分自身を攻撃してしまいます。人間と同じですね。

　気孔を開く夜間の雨には十分注意してください。

　水やりなどで葉にかかる程度なら気にしなくていいです。むしろ葉についたホコリなどが洗い流されてきれいになりますよ。

Q 「花は早めに切ったほうがいい」という記述を
見たことがあります。どうしたらいいでしょう？

··

　記述の意味は、「花を咲かせるには苗が体力を消耗するので、苗の体力を維持し守るため」でしょう。そういう考え方もあるかと思います。けれど私は、真吾さんの<mark>「答えは地球にある。地球のモノサシで見てみよう」</mark>という視点で考えたいです。

　花が咲き終われば、花芽の役目は種を守ることに変わり、水分をなくして軽くなっていきます。「遠く離れたところに種を落としたい」という気持ちがあるので、虫や鳥に引っかかりやすいように横などに突出して伸びているのでしょう。

　そもそも花は生殖器で、新しいDNAを未来に残すための器官です。媒介してくれる他の生物に来てほしいので、色をつけたり香りをまとったりしています。

　その仕組みに敬意を払って、私は自然のままにしておきたいと思っています。

 Q 大きくなったらどうすればいいですか？

Answer

　元気に大きくなっているなら、植え替えもいいですね。

　そうでない場合の〝大きくなる〟を考えてみましょう。「はじめはぷっくりとかわいかったのに、大きくなってかわいくなくなった」とは、よくあがる声です（104ページ参照）。この場合の〝大きく〟は、日照不足による徒長がほとんどです。

　多肉植物は昼夜の二段階で光合成をするので、他の植物より成長が遅いと言われます。その多肉植物が目に見えるほど早く姿を変化させるのは、何かしらのストレスがかかり、生命を維持するために取らざるを得なかった反応でしょう。

　家に来て 1 か月もたたないのに極端に伸びたときは、光不足、もしくは水のやりすぎの可能性があります。まずは、光がたっぷり当たる場所に移動してあげてください。

あとがき

　多肉植物から学んだことを本書でお話ししましたが、その核にあるのは「答えは地球が教えてくれる」という深い真実です。

　形や色への興味から始まった多肉植物との暮らしは、私の中で、やがて「地球との共生」という大きなテーマに発展しました。私たち人間は、多肉植物と同じ自然界の一員であること。地球との調和や共存がいかに重要であるか。これらを再認識させてくれるものでした。

　今、これからのエネルギー資源が問題視されています。解決のカギとして太陽光エネルギーがあげられますが、人はもちろん、植物や動物にとっても太陽光は必要で、植物や私たちが生きている土、土の中で生きる生物、つまりは地球も「ヒカリ」を必要としています。

　同様に、二酸化炭素は植物の成長や酸素を生み出すことにも重要な役割を果たしています。そのため、単純に人間本意で結論づけるべきではないと思っています。

　大切なのは、地球が長い時間をかけて築いてきた自然のバランス、生命の多様性や進化の知恵……。これらを私は多肉植物を通して教わってきました。過酷な環境に対応すべく進化を遂げ、雄雌の出現、受精や受粉という営みは、新しい種を誕生させるための、地球独自のサステナブルなメカニズム。これを理解し尊重することは、地球との共存を考える上で非常に重要だと思うのです。

私たちは地球の一部です。私たちの行動が地球に与える影響を考え、理解することが必要で、地球の自然の営みや生命の進化の原則を生かし、どう共存していくかを考える時だと感じています。調和を目指すことが、持続可能な未来への道を拓くカギではないでしょうか。

　本書が、多肉植物との生活の中で、地球との深いつながりを感じ、自然との調和を感じるきっかけになれば幸いです。
　地球が私たちに教えてくれることは無限にあります。その声に耳を傾け、共存の道を歩み続けることが、私たちに課されている使命だと信じています。

TOKIIRO　近藤義展

TOKIIRO

主宰：近藤義展（Yoshinobu Kondo）
1969年新潟県糸魚川市出身。東京薬科大学中退。植物空間デザイナー。自分の生きる
目的を模索する中で2008年、故・柳生真吾さんの多肉植物の創作に出会う。2009年、
器（空間）に絵を描くように生きた多肉植物の世界を創造する季色（トキイロ）をス
タート。よりグローバルな活動のため、屋号を漢字からローマ字の TOKIIRO に変更し、
現在、全国各地でのイベントやワークショップを積極的に実施。柳生さんの教えを胸
に、地球ベースでの多肉植物の生きる世界を伝えている。著書に『多肉植物生活のす
すめ』（主婦と生活社）、『ときめく多肉植物図鑑』（山と渓谷社）などがあり、中国語、
韓国、英語に翻訳されている。NHK趣味の園芸講師、日本園芸協会講師も務める。
ホームページ tokiiro.com

@ATELIERTOKIIRO

RARI YOSHIO

クリエイター。栃木県那須にてアトリエショップ「JARDIN BLANC」を主宰。ガーデ
ナーの夫とともにshop & open garden をシーズンに合わせてオープン。イラスト、
デザイン等と幅広く活動し、著書に『SIMPLE NOTE 』（産業編集センター）他。

STAFF

イラスト　RARI YOSHIO
撮影　　　砺波周平
デザイン　中川 純（ohmae-d）
校正　　　福島啓子
編集　　　深山里映

多肉植物と暮らす 未来につながる植物生活

著　者　TOKIIRO
編集人　束田卓郎
発行人　殿塚郁夫
発行所　株式会社 主婦と生活社
　　　　〒104-8357 東京都中央区京橋 3-5-7
　　　　編集部 tel. 03-3563-5129
　　　　販売部 tel. 03-3563-5121
　　　　生産部 tel. 03-3563-5125
　　　　https://www.shufu.co.jp
製版所　東京カラーフォト・プロセス株式会社
印刷所　大日本印刷株式会社
製本所　共同製本株式会社
ISBN 978-4-391-16189-2